Versos desnudos

Para mi mamá, gracias por darme alas y enseñarme a volar.

Para Cecilia Jarusz, esto no sería posible sin vos.

Para Nefi, tu nombre vivirá por siempre en este homenaje, de mí para vos.

Índice

48. La despedida.

49. Todo lo que dejaste ir.

50. Cuando te fuiste.

51. Perder un amigo.

53. Flotar.

54. Analfabeto.

55. Poco a poco.

56. Desde que dejé de amarte.

57. Nuevos comienzos.

58. Sabor a amor propio.

59. Renacimiento.

61. Del otro lado de la playa.

62. Estabas brillante.

63. Tu hogar.

64. Mi mejor poema.

65. Ella.

67. La lluvia.

68. Callate y prestá atención.

69. Infinita.

70. Simulacros.

71. La pesadilla

72. Miércoles.

74. 20 de febrero.

76. El descanso.

77. Cuando está por salir el sol.

78. De climas y colores.

79. Ella sigue.

80. La vida tiene aroma a vainilla.

81. Paisaje.

82. Piel de porcelana.

83. Astronauta.

84. Adelante.

85. Te miro.

85. La banda sonora del resto de mi vida.

87. Mil vidas jamás serán suficientes.

88. El mejor sueño.

89. Amarillo.

90. Niño dorado.

91. Alas.

92. Cuando mis ojos te vieron.

93. Destino o casualidad.

94. Sus ojos son magia.

95. Invasión de mariposas.

96. Si las paredes hablaran.

97. Te amo.

99. Si algún día no te recuerdo.

101. Mi mejor obra de arte.

102. Siento que levito cada vez que te veo.

103. Sin vos.

105. Uno de esos abrazos.

106. Tus manos.

108. Las golondrinas.

109. Si algún día decidís alejarte.

111. Hasta mi muerte.

112. Amar y ser amado.

113. Al ras del cielo.

114. Ser feliz a veces da miedo.

115. Sigue volando.

116. Qué difícil.

117. Agua entre tus manos.

El pozo.

Recostada en el suelo del baño,

nuevamente he fracasado, otra vez,

como antes, como siempre.

Recostada en el suelo del baño,

nuevamente he caído de cara, otra vez,

como antes, como siempre.

Recostada en el suelo del baño

¿En serio quiero quedarme?

¿Por ahora, por siempre?

Recostada en el suelo del baño,

mi cuerpo y mi alma piden a gritos un descanso,

por un segundo, por siempre.

Recostada en el suelo del baño,

las lágrimas han sido lloradas, otra vez,

por ahora, por un rato.

Recostada en el suelo del baño,

sangran futuras cicatrices de batallas colaterales,

como antes, como ahora.

Recostada en el suelo del baño,

descubrí que no soy tan valiente,

como nunca lo fui.

Recostada en el suelo del baño,

se dispara el gatillo,

como siempre quise.

Recostada en el suelo del baño,

el llanto desgarrador de mi madre,

se lleva lo poco que queda de mí.

Solías ser mi héroe.

Solías ser mi héroe.

Pude jurar ver tus alas

más de un millón de veces.

Flotabas alto, rodeabas el sol,

fuerte, valiente, inteligente.

Y de repente, un día lo sentí,

el sol quemó tus alas

y entonces caíste en picada,

veloz, triste, desconsolado.

El amor que no me supiste dar.

Sólo deseo

que la vida te regale

todo el amor

que no me supiste dar.

Nunca estuviste.

Cómo te pido

que no te vayas

si nunca estuviste.

Estática.

Estática.

Estoy parada en este lugar

del que no se cómo salir

ni cómo llegué a entrar.

Mi cuerpo no reacciona

pero mi mente

se mueve en un espiral constante

que parece no terminar jamás.

Estoy fuera de mi cuerpo

mirando todo desde arriba.

Quiero llorar

pero de mis ojos no sale ni una gota.

Quiero gritar

pero no salen palabras de mi boca.

La tortura china.

Te amé con tanto amor,

tanta dedicación,

que no lograba comprender

por qué no me amabas.

Hasta que un día lo entendí:

No se trataba de mí.

Nunca fue mi culpa.

No importaba cuánto amor te diera

jamás iba a ser suficiente.

No sos capaz de amarme

y amarte es una tortura china.

Veinticuatro horas.

La noche que te fuiste

la luna lloró

y las estrellas se apagaron.

Los pájaros al otro día no cantaron

y el sol no quiso salir.

Los mares se volvieron piletas,

las olas no quisieron nadar.

Y por veinticuatro horas

el día se volvió noche.

Incierta y oscura.

Nadie podía creer

lo que estaba pasando.

Tanto.

Tantas cosas tengo atragantadas

que quise tragar

para no escupirlas en tu cara

y hoy tengo que soltarlas

pues ya no puedo soportar tu mirada

como si yo fuera nada.

Tanto te he gritado

que me he quedado sin voz.

Tanto te he amado

que me he quedado sin corazón.

Tanto te he llorado

que me he quedado sin lágrimas.

Tanto te he dado

que me he quedado sin ganas.

Tanto te he extrañado

que ya no te puedo recordar.

Tanto se me ha escapado la vida

intentando que me quisieras

que me he quedado sin nada.

Me quisiste matar.

Espero

que a la noche

tu cabeza

te haga perder la calma

y no te deje dormir,

porque no conseguiste

lo que querías,

porque recordás

que me robaste

una parte de alma.

Me quisiste matar

pero sigo con vida.

Barra libre.

Usaste, abusaste y te emborrachaste

de mi paciencia y de mi bondad

como si yo fuera la barra libre

de alguna fiesta adolescente.

El jardinero.

Entraste a mi jardín

como si alguien te hubiese invitado.

Pisoteaste mis flores,

arrancaste los frutos de mis árboles,

cortaste los tallos de mis plantas.

Y cuando terminaste

de jugar al jardinero

me miraste y enojado

te quejaste de que no florezco

y me dijiste que así,

triste y desarmada,

ya no me querías.

Casi.

Las palabras

caminaron fuera de su boca

en puntitas de pie.

Lo dijo tan sutil,

tan liviano,

tan suave,

tan delicado

que por un segundo,

hasta me olvidé

que me estaba diciendo

una mala noticia.

Como una pestaña

cayendo en mi mejilla.

Tan sutil,

tan liviano,

tan suave,

tan delicado

que casi no sentí el puñal.

Casi.

Quererte.

Con la voz

tan rota,

tan vacía,

tan ajena,

te dije que

te quise un montón,

pero quererte

fue justamente

lo que me destrozó.

Del otro lado del arma.   25

No puedo seguir dándote oportunidades.

No puedo seguir regalándote balas

porque no puedo esquivarlas más.

Porque no puedo soportar volverte a ver

del otro lado del arma.

Tu amor o mi paz.

Me diste a elegir:

tu amor o mi paz.

Tuve que ser egoísta.

Junté todos mis pedazos del piso,

esos que una vez intestaste pegar

pero sólo rompiste más

y a paso lento pero seguro

me fui alejando

y casi sin querer queriendo

volteé para mirarte la cara

por última vez,

pero no había nadie.

Vos ya te habías ido hace tiempo.

No digas que no te quise.

No digas que no te quise.

No escupas más mentiras de tu boca.

No digas que no te quise,

cuando besé todos tus crimenes

y dediqué mi vida entera

a ser alguien que no era

para encajar en tu molde.

No digas que no te quise

cuando te solté

con las manos lastimadas

y agotadas de tanto retener a alguien

que nunca quiso estar.

No digas que no te quise

cuando intenté entenderte

mientras destrozabas

todo aquello que me rodeaba.

No escupas más mentiras de tu boca

y por lo que más quieras

nunca digas que no te quise.

Si pudiera decirte algo.

Si pudiera decirte algo,

te diría que a pesar de todo

te amé con el alma

y que moría por quedarme,

pero la herida fue más profunda

y aunque alejarme también me dolió

entendí que mi corazón

no iba a poder soportar

que me lastimaras una vez más

Souvenir.

No supiste qué hacer

con todo el amor

que te estaba entregando,

así que lo dejaste ahí,

sólo y olvidado,

como el souvenir

de una fiesta

a la que asististe obligado.

Campo de batalla.

Entendí que tenía que huir

en el momento en el que decidiste

convertir mi hogar

en un campo de batalla

con tus palabras frías

y tus manos

que solo rompen

y lastiman

todo aquello que tocan.

Mis sueños.

Mis cosas.

Mi hogar.

Mi cuerpo.

Aguantando la respiración.

Nadando en esta habitación

que llenaste de agua fría

aguantando la respiración hace días,

solo me quedan dos caminos por tomar:

ahogarme o aprender a flotar.

El final.

Ahogándome

en esta habitación

que dejaste sin oxígeno.

Levitando

fuera de mi cuerpo

que rompiste.

Al ras del suelo.

Grito para adentro.

Corro en mi lugar.

Sólo me quiero alejar.

No sé qué me duele más,

mi cuerpo, mi mente o mi alma.

O quizá todas.

Pero sé que esto no es mi muerte,

porque ya leí esta historia varias veces,

sólo espero que este

por fin sea el final.

El último abrazo que te di.

Ese día te abracé como no había

abrazado a nadie en mi vida.

Fue el mejor abrazo que alguna vez di

y yo sabía que era último que te iba a dar.

Expresarme hablando no es lo mío,

así que te abracé esperando que

al sentir los latidos de mi corazón

golpeando con fuerza tu pecho,

sientas todo lo que te quería decir

pero de mi boca no salía.

Esperando que entiendas

que me estaba despidiendo,

pero también te estaba agradeciendo.

Que te estaba diciendo 'te amo'

y que te voy a extrañar

pero que algún día nos vamos a reencontrar,

que yo voy a estar mejor,

y que me lastimaste un montón,

pero no hay rencor.

Que te entiendo,

pero seguir justificandote

no tiene sentido.

Que espero que nunca repitas

lo que hiciste conmigo.

Y si algún día tengo hijas

y señalan tus fotos,

preguntándome por vos

les voy a decir tu nombre

y les voy a enseñar que ningún hombre

tiene derecho a hacerlas sentir

inútiles, feas o insuficientes.

Buscándote, perdiéndome.

Te busqué en cada beso,

en cada boca, en cada risa,

en todas las caricias.

Te busqué en caras vacías

de gente desconocida

y en canciones perdidas.

Te busqué en días soleados,

amaneceres inquietos

y noches de neblina.

Te busqué en cada brisa,

en cada sombra, cada llovizna,

en cada parte de mi cuerpo.

Te busqué y ya era tarde

cuando finalmente entendí,

que de tanto buscarte a vos,

me estaba perdiendo a mí.

¿Dónde estoy?

Me extraño.

Me extraño y me busco.

Me busco y no me encuentro.

¿Dónde estoy?

No me veo por ningún lado.

Me llamo y me grito.

Me mando WhatsApps.

¿Dónde estoy?

Quiero abrazarme,

pero mis brazos no me alcanzan.

Quiero besarme.

¿Dónde estoy?

Quiero pedirme disculpas

pero me parece que ya es tarde

pues creo que esta vez

no me volveré a encontrar.

Me perdoné tantas veces

que olvidé por qué lo hacía.

¿Qué estás haciendo, mi amor?

Pude oler la deshonestidad

como perfume en tu cuerpo.

Un corazón destrozado

golpea fuerte contra mi pecho.

Te confié todas mis heridas

y vos les tiraste sal.

Me apuñalaste por la espalda

y mientras retorcías el cuchillo

me sonreíste.

Me dejaste tirada en el suelo

mientras desvalijabas mi alma

y cuando te estabas yendo

me tiraste un beso

y entre sollozos te pregunté:

¿Qué estás haciendo, mi amor?

De un amor que no fue y sentimientos inexistentes.

Por la vida pasa mucha gente

y qué tarde me di cuenta,

ninguna me mira

como me mirabas vos a mí

cuando me amabas pero no lo decías

y yo te amaba pero no lo sabía.

Y qué suplicio darme cuenta ahora,

pero si tu corazon fue mío

y el mío fue tuyo

qué mierda hacemos con este orgullo.

Ahora el tuyo late por otra

y el mío me pesa y se ahoga.

Pienso y nos culpo.

Recuerdo e imagino

todo lo que pudimos haber sido

y no fuimos

porque el miedo nos ganó.

Y todavía no logro comprender

que alguien por favor me lo explique

cómo me olvido de un sentimiento

que ya no existe.

O eso creo.

Sin decir nada.

Cómo no me va a doler

que te alejes así,

de repente y sin decir nada.

Eras mi mejor amigo

y de un día para el otro

me vi preguntándome

si alguna vez te había conocido.

Sismos.

Llegaste a mi vida

tan de repente como un huracán.

Tan intenso como el primer amor,

tan abrumador como el último.

Tan despiadado como asesino en serie.

Tan descuidado, arrasando con todo a tu paso

como un terremoto tan grande

que ni la escala de Richter pudo medir

Cien sirenas.

Jamás pensé que esto sucedería.

Si hay alguien a quien culpar,

entonces la culpa es mía

porque estaba tan entretenida

contando las bengalas en tus pupilas

que no le preste atención

al sonido de tu corazón:

cien sirenas cantando sin cesar,

las escuchaba gritar.

Me advertían.

Algo iba a pasar y yo lo sentía.

Pero bailé al ritmo de ellas

cuando debería haber huido por mi vida.

De almas y galaxias.

Cómo comportarnos como extraños

si vos viste mi alma

y en tus ojos yo vi galaxias.

Tus fantasmas y yo.

Mi error fue desnudarme,

creyendo que me escuchabas,

cuando sólo estábamos

tus fantasmas y yo.

A medio morir.

De repente te fuiste,

como alma llevada por el diablo.

Huiste

como preso en libertad,

inesperado y silencioso,

como un relámpago

que cae sobre mi

dejándome en el suelo,

llorando

y a medio morir.

Pianos vacíos.

Te llevaste todo.

Mi cuerpo, mi alma y mis versos,

mis recuerdos, mis ayeres y mis besos,

mi respiración, mi calor y mis lágrimas,

mis ganas de cantar y mis caricias,

mis pensamientos, mis latidos y mis risas

y todo el amor que guardaba para mi misma,

lo enterraste en pianos vacíos y olvidados

y los convertiste en cenizas.

Gris y azul marino.

Como un ladrón

te llevaste todo lo que es mío

mientras me pintabas

de gris y azul marino.

La despedida.

La despedida no fue lo peor,

lo peor fue lo que quedó después.

Un corazón sin fuerza para latir.

Una chica a medio morir,

porque lo entregó todo,

pero fue estafada.

Todo lo que dejaste ir.

Verte la cara

me destroza el alma,

porque no puedo evitar recordar

todo lo que fuimos,

todo lo que perdimos,

todo lo que reímos,

todo lo que lloré,

todo lo que callamos,

todo lo que gritamos,

todo lo que nos dimos,

todo lo que nos quisimos,

todo lo que dejaste ir.

Cuando te fuiste.

Cuando te fuiste

entendí por qué a los huracanes

les ponen nombres de personas.

Perder un amigo.

Nadie ni nada te prepara

para el incomensurable dolor

que significa perder un amigo.

No hay suficientes canciones,

ni películas, ni libros.

No te lo explican en la escuela,

no te lo comentan tus padres en la cena.

Así que, ahí estaba yo,

haciendo uno de los duelos

más largos y dolorosos

de mi corta vida

sin nada en que apoyarme.

No, el no había muerto,

pero cuando de un segundo al otro

ese amigo que creías familia

comienza a ser un desconocido

un sentimiento de luto te abraza.

Hoy entiendo que no era un duelo por él.

Si bien supe quererlo como a nadie,

perderlo no fue lo peor.

Yo estaba velando algo

mucho más importante que él.

Estaba velando la parte de mí

que murió aquel día que lo desconocí

Flotar.

Mis lágrimas formaron un océano

dentro de mi casa

y pensé que me iba a ahogar

pero parece que después de todo,

finalmente, aprendí a flotar.

Analfabeto.

Que tonta que fui,

cómo no me di cuenta,

yo no era la del problema.

Yo soy un poema

y vos sos analfabeto.

Poco a poco.

Poco a poco

fui juntando mis pedazos,

esos que dejaste en el suelo

la noche que te fuiste

y poco a poco

me armé un mosaico.

Desde que dejé de amarte.

Y entre estos fragmentos

que me componen hoy como mujer,

se encuentra el cadáver

de lo que alguna vez

pudimos haber sido,

pero no fuimos.

Te dediqué mis versos más hermosos.

Te lloré en mis versos más tristes.

Y hoy te escribo esto

que es más para mi que para vos,

para decirme que estoy mucho mejor

desde que dejé de amarte.

Nuevos comienzos.

Todavía me acuerdo

del día que acariciaste mi espalda

y me dijiste que me quede tranquila

que una despedida no sólo es un final,

sino también una oportunidad

para volver a comenzar.

Sabor a amor propio.

Sé muy bien qué sabor tiene perdonar.

Es dulce pero después de un tiempo,

si se prueba seguido,

empieza a ser amargo y metálico

como la sangre

y vos me la hiciste probar muchas veces.

Así que decidí quedarme con el sabor

que sentí el día que me alejé,

tenía gusto a nuevo comienzo,

a sanación,

a amor propio

y ese es mi sabor favorito.

Renacimiento.

Fue hace un tiempo,

aún lo recuerdo muy bien.

Como sal en la herida,

el alma me dolía.

Me dolía el corazón.

Me sentía perdida,

triste y entumecida.

Y entonces lo sentí,

como un viento frío en la sien,

eso que tanto había anhelado,

eso que estaba esperando,

mi renacimiento

por fin había llegado.

Así que rompí las cadenas,

me sacudí el polvo,

y recordé todo el amor

que sentía por mí misma,

y en algún momento regalé.

Me arrimé a aquellos versos desnudos

que alguna vez dediqué

y los abracé contra mi pecho,

para recordarme de dónde vengo

y que éste es mi renacimiento.

Del otro lado de la playa.

La arena quemó bajo mis pies,

pero caminé tranquila, en paz,

porque sabía que del otro lado de la playa

me esperaba el mar.

Estabas brillante.

Estabas brillante,

con una sonrisa de oreja a oreja

y el ceño relajado

como si en vez de a la guerra

hubieses ido a un spa.

Qué privilegio estar a tu lado

viendote pasar

de otoño a verano.

Esa noche bailamos un vals,

te acaricié la mejilla

y te susurré:

'qué lindos te quedan

los nuevos comienzos'

Tu hogar.

Qué tonta.

Siempre buscando en otros un hogar.

Cómo no te diste cuenta antes.

Las personas no son hogares.

Las personas son clima,

siempre cambiante,

tan incierto que a veces

ni los expertos son capaces

de descifrar qué sigue.

Qué tonta.

Siempre buscando en otros un hogar.

Cómo no te diste cuenta antes.

Las personas son clima,

sin embargo,

tu hogar sí tiene un latido:

El tuyo

Mi mejor poema.

Soy mi mejor poema.

Con un lápiz

me escribo y reescribo,

me agrego oraciones,

me borro algunas palabras,

me sumo metáforas,

me saco comparaciones,

pero siempre con cuidado,

con trazo suave y delicado

para no arruinar las hojas,

porque soy mi mejor poema

y si yo no me escribo con amor

¿Quién más lo va a hacer?

Ella.

Qué difícil es decirlo.

Algunos días no logro reconocerme.

Será la monotonía del barrio

que me tiene hastiada

o la tardanza de los colectivos

que me desordena.

Puede que ambas o quizá ninguna.

A veces solo necesito un té,

otras un abrazo,

o simplemente estar sola

y pensar y hablarle a ella.

Ella que ya se fue

pero que a veces viene a charlar.

Ella, la que muere en novelas y poesías.

Ella, la que no es rescatada a tiempo.

Ella, la que llora y no para de llorar.

Ella, a la que a veces, sólo a veces,

le escribo uno

o dos finales alternativos.

Porque sí,

porque fue muy fuerte,

porque fue usada por alguien

que no sabía cómo amar,

porque la vida se le escapaba

por la puerta trasera,

porque se lo merece.

Porque ella fui yo.

La lluvia.

Entendí que la lluvia es vida

poco después de que el diluvio

me lavara las heridas

y un poco antes

de verme bailando bajo ella.

Callate y pretá atención.

Qué voy a saber yo de la vida

si recién estoy en mis veinte.

Qué voy a saber del amor.

Qué voy a entender del dolor.

Si tan solo supieras

todo lo que me pasó en veinte años

entenderías que a veces

la mejor opción es callarse

y prestar atención.

Infinita.

Ella es luz, pero puede ser oscuridad.

Ella es lluvia, pero puede ser sequía.

Ella es calma, pero a veces es tempestad.

Ella es estrella y de vez en cuando nube.

Ella es la luz del amanecer

y la luna espiando al atardecer.

Ella es pequeña, pero también es grande.

Ella brilla, deslumbrante y soñadora

y la gente la mira con envidia,

porque ella no tiene alas pero vuela,

serena, majestuosa, infinita.

Simulacros.

El resto de mis dolores

fueron sólo simulacros

que sin saberlo

me prepararon para este incendio.

La pesadilla.

Me siento sin aire

mientras miro fijamente

una pared del comedor.

La casa empezó a girar

y el techo se me cae encima.

Me duele la cabeza

y el pecho me pesa.

Y me culpo, aunque sé

que se hizo todo lo que se pudo.

Y pienso que ya te extraño

pero todo esto

es solo una pesadilla ¿no?

Miércoles.

Aquella mañana.

Como si fuera hoy la recuerdo,

todavía me duelen las heridas,

todavía me duele el corazón.

Te sentí tan fría

mientras tu cuerpo simplemente yacía

en el suelo congelado del comedor.

La casa se volvió tan sola, tan gris

y el aire tan pesado

y deseé estar yo sin vida a tu lado.

Y durante días del cielo cayeron gotas

y de mi mente este pensamiento no sale

y dudas no me caben:

era un angel llorando

pues sabía que a nadie yo he amado tanto.

Y si nos encontramos en mis sueños

voy a abrazarte

y a contarte que cuando te fuiste

una parte mía te llevaste

y que cada vez que sale el sol

y cada vez que sale la luna

te extraño y te pienso

y siempre se me escapa una sonrisa

y alguna que otra lágrima también.

Aquel miércoles.

Como si fuera hoy lo recuerdo:

tu cuerpo simplemente yacía

en el suelo congelado del comedor.

20 de febrero.

Ahora que ya pasó un tiempo

desde que te fuiste,

quiero contarte

que te llevaste todos los colores,

muchas de mis sonrisas

y mis mejores años.

Que por acá

todo sigue más o menos igual.

Que mi vieja sigue haciendo unos guisos increíbles.

Que te extraño todos los días,

pero más cuando salgo al jardín

y no te veo

y más cuando no te encuentro

acostada en el sillón

y más cuando es la hora de comer

y no estás a mi lado.

Pero lo que más te quiero decir

es que me marcaste el alma,

como cuando te manchás el jean

con unas gotas de lavandina

pero te gusta más que antes

porque le da onda y parece nevado.

El descanso.

Se fue en paz, tranquila,

como ave de paso,

sabiendo que quizá no iría al cielo

pero que, al menos, la esperaba el descanso.

Cuando está por salir el sol.

Cuando el viento sople frío

y te pese el corazón,

no duermas por una noche,

mirá el cielo y prestá atención:

la noche es más oscura

cuando está por salir el sol.

De climas y colores.

Una vez oí a alguien decir que la gente cambia como el clima:

que hoy la gente es lluvia y mañana sol

y que las tormentas torrenciales son formadas en segundos,

que a veces parecen verano,

pero hay días que el invierno los abraza

y que hay días, no muchos, en que los arco iris alumbran las mentes

y la gente deja de ser clima, para convertirse en color.

Ella sigue.

Ella sigue,

acá, en algún lugar

y si algún día me pierdo

sé que ella me encontrará

y si algún día no estoy ahí para mí

sé que ella estará.

La vida tiene aroma a vainilla.

Desde que llegaste

El mundo es más brillante que el sol.

Los poetas solo escriben poemas de amor.

La vida tiene aroma a vainilla.

La gente sólo da buenas noticias.

Cae lluvia en el desierto

y siempre hay un arcoíris en el cielo.

Del asfalto nacen rosas y jazmines.

Son primavera todas las estaciones.

Todos los sueños se hacen realidad.

Las aves sólo cantan canciones de cuna

y no quiere dormir la luna

porque no quiere perderse

del incomensurable privilegio

de verte crecer.

Paisaje.

Sus pecas me recuerdan a las estrellas,

ahí, en el medio del cielo,

lo decoran,

lo embellecen,

abrazando su nariz de luna.

Su piel de porcelana

cálida y suave

como el cielo despejado

una noche de verano.

Y sus pestañas

como hojas de palmeras

envuelven sus ojos de sol

y yo solo espero

que por siempre

iluminen mi corazón.

Piel de porcelana.

Te admiro mientras dormís.

Sereno y quieto,

tus pestañas se mueven con el viento.

Piel de porcelana, labios carmesí.

Te amo desde la primera vez que te vi.

Astronauta.

Me sentí una astronauta

perdida entre tus pecas

Adelante.

Entonces entendí

que de nada sirve mirar hacia atrás

si te tengo adelante.

Te miro.

Te miro

como jamás creí

que miraría a alguien.

Te miro

como si fuese

la primera vez que te veo

y mis ojos encandilados

intentaran hacer foco,

desacostumbrados,

nunca vieron belleza semejante.

Te miro

como si fuese

la última vez que te veo

memorizando dónde va cada peca

como si mañana,

por algún motivo desconocido,

perdiera por completo la visión

y lo único que extrañaría mirar

sería tu rostro.

La banda sonora del resto de mi vida.

Cada mañana

pido un deseo,

cierro los ojos

y les ruego

al sol,

al cielo,

que los latidos de tu corazón

sean la banda sonora

del resto de mi vida.

Mil vidas jamás serán suficientes.

Cuánto te quise y cuánto te quiero

supera los límites del tiempo,

esta vida quedará corta

y mil vidas jamás serán suficientes

para todo los segundos

que quiero pasar a tu lado.

El mejor sueño.

No quiero dormir.

No necesito descansar.

No me interesa soñar.

Sólo quiero verte,

no quiero perderme

ni un pestañeo,

ni una sonrisa,

ni una lágrima,

ningún paso,

ningún tropiezo.

No quiero dormir.

No necesito descansar.

No me interesa soñar.

Ni siquiera el mejor sueño

podrá compararse

con verte crecer.

Amarillo.

Sus ojos me recuerdan

al olor a pasto mojado

cuando para de llover.

Su sonrisa es mas cálida

y mas brillante que el sol

una tarde de diciembre.

Su corazón es tan grande

como los cinco océanos.

Y con sus brazos me envuelve,

me abraza, me aprieta

y no quiero que me suelte.

Y el día en que se vaya,

el color amarillo

y todas las cosas suaves

se irán con él.

Niño dorado.

Tus ojos,

verde bosque o gris cielo,

no puedo dejar de verlos.

No puedo dejar de pensarte,

no puedo sacarte de mi mente.

Qué no daría porque seas infinito.

Por siempre amado,

niño dorado.

Alas.

Lo juro,

acaricio su espalda todos los días,

pero no consigo encontrar sus alas.

Cuando mis ojos te vieron.

Esa mañana

que mis ojos te vieron

no pudieron creer que fueras real.

Destino o casualidad.

No sé si fue el destino

o una puta casualidad,

pero fuiste el sol

en mi cielo oscuro,

esa buena noticia

que jamás quiero dejar de escuchar

porque no puedo concebir

una vida en la que no estés.

Sus ojos son magia.

'La magia no existe'

me susurraste

y yo solo te miré

y entendí todo.

Cómo vas a creer en la magia

si nunca viste sus ojos.

Invasión de mariposas.

Cuando te conocí

un suspiro aliviado

se escapó de mis labios.

Eras eso que estaba esperando,

una salida de emergencia

en el medio del infierno,

un diluvio en el desierto,

una brisa en verano,

una invasión de mariposas.

Si las paredes hablaran.

Prenderé fuego mi cama,

no quiero volver a dormir.

Romperé mis cortinas

para que siempre entre la luz del día,

y si las paredes hablaran

las mías te dirían

que aprendí a vivir

el día que te conocí.

Te amo.

Te amo cuando estamos juntos

cuando estamos separados también.

Te amo el último dia de diciembre,

el primer día de enero también.

Te amo en las mañanas más brillantes,

en las noches más oscuras también.

Te amo los 365 días del año,

cuando es año bisiesto también.

Te amo a colores,

en blanco y negro también.

Te amo cuando estamos a solas,

cuando estamos en multitudes también.

Te amo a los gritos,

en silencio también.

Te amo cuando el cielo está nublado,

cuando está soleado también.

Te amo en invierno,

en verano también.

Te amo mientras cenamos,

mientras hacemos sobremesa también.

Te amo en todos mis sueños,

cuando estoy despierta también.

Y cuando mi hora se acerque

y tengamos que despedirnos,

espero que este poema

te encuentre y te abrace

y te recuerde que

te amé toda esta vida,

y te amaré todas las siguientes también.

Si algún día no te recuerdo.

Si algún día no te recuerdo,

si algún día olvidó tu voz,

si no reconozco tu mirada,

si se me borra de la mente tu sonrisa,

puede que aún me ría

y la vida continuaría

pero estaría tan vacía.

Perdería sentido cada canción de amor

que alguna vez supe disfrutar,

las estrellas seguirán brillando

pero ya no me interesaría mirar

porque mis ojos sabrían

que alguna vez lo vieron todo

pero ya no recuerdan nada.

Si algún día no te recuerdo,

no me castigues, no fue mi decisión,

mejor, ayudame a recordarte,

leeme un cuento,

regalame una flor,

cantame una canción,

contame cómo me llamo,

porque podría olvidar mi nombre

y jamás poder recordarlo

pero en el fondo

siempre reconocería tu voz.

Si algún día no te recuerdo,

si algún día olvidó tu nombre,

si no reconozco tus manos,

si se me borra de la mente tu sonrisa,

entonces habré olvidado también,

lo bella que alguna vez fue la vida.

Mi mejor obra de arte.

Amarte es,

sin dudas,

mi mejor obra de arte.

Siento que levito cada vez que te veo.

Siento que levito cada vez que te veo,

como un ángel caído del cielo

me mantengo por siempre en esta nube,

que es mi nube favorita

porque llueve pero siempre sale el sol,

porque estás vos.

Sin vos.

No quiero tener

si no te tengo a vos

y prefiero perder

todo, menos a vos,

porque sin vos

la vida es una emboscada,

las flores no tienen color,

me siento ahorcada,

la música no calma el dolor.

Porque sin vos

el sol ya no ilumina,

las estrellas no sonríen,

la luna se suicida,

los animales no viven.

Porque sin vos

la casa es silenciosa

y tu habitación llora,

como llora la cocina ansiosa,

porque vuelvas implora.

Porque sin vos

nadie ocupa ya mi corazón

y de qué sirve que siga latiendo

si para vivir ya no hay razón.

Uno de esos abrazos.

Cuando me siento muriendo

y el cielo se vuelve negro

y las lágrimas caen en picada

y la tormenta acecha

y las nubes no me dejan acariciar el sol,

con uno de esos abrazos que me quitan la respiración,

con uno de esos abrazos vuelvo a respirar,

con uno de esos abrazos puedo renacer,

y el cielo se aclara

y las lágrimas ya no caen en picada

y la tormenta se va a otro lugar

y el sol se estira para poderme alcanzar

y no le creo al que me diga

que no vale la pena arriesgar

todo el dinero del mundo

por uno de esos abrazos, mi amor.

Tus manos.

Qué no haría porque seas infinita,

por caminar de tu mano

todo el resto de mis días.

Renunciaría a mi poesía,

así, sin dudarlo,

varias veces si es necesario.

Renunciaría, también, a la luna,

veinte años han sido suficientes

para contemplarla todo lo que quería.

Renunciaría a la música,

qué caso tiene que siga sonando

si mis oídos solo quieren escuchar tu voz.

Renunciaría a todo lo que pierda el sentido:

los niños, los tatuajes, el sol,

el color rojo, las películas de amor,

los jazmines, los colibríes, el mar,

los atardeceres, el otoño, las mariposas,

navidad, año nuevo y mi cumpleaños.

Pero no podría renunciar a tus manos

ni aunque lo intentara

porque no existe lugar más seguro,

porque ahí aprendo de mis errores,

me caigo, me levanto, me vuelvo a caer

pero siempre me levanto otra vez,

porque lo aprendí de vos,

porque me llevás de la mano.

Como las golondrinas.

Podría comprarme una casa

pero siempre serás mi hogar.

Aunque estés del otro lado del mar,

soy como las golondrinas,

sé que siempre te voy a poder encontrar.

Si algún día decidís alejarte.

Si algún día decidís alejarte

no sabría qué hacer,

ni a dónde mirar,

ni qué camino tomar.

No sabría a quién llamar

cuando necesito un oído,

ni a quién prestarle el mío.

No sabría qué hacer

con todo el oxígeno que me sobraría,

ni con todo el espacio que en mi corazón habría,

ni con el plato que de más en la mesa estaría

esperando tu regreso.

Si algún día decidís alejarte

te quiero pedir perdón de antemano,

quizá no sepa qué te alejó

pero sé que no fue intencional.

Pero si te quedás por siempre,

quiero que sepas

que sea cual sea el camino que elijas

nunca vas a caminar solo,

voy a estar adelante para guiarte cuando te pierdas,

atrás para sostenerte cuando te caigas

y a tu lado, de la mano, viendote brillar.

Si algún día por algún motivo desconocido

la vida nos separa como el cielo y el mar

no hay de qué preocuparse

estoy segura de que siempre nos vamos a reencontrar

porque una vez escuché

que uno nunca olvida

el camino que lo lleva a su hogar.

Hasta mi muerte.

Podés descansar

tu cabeza sobre mi hombro.

Cerrá tus ojos,

te cuidaré esta noche

y mi amor te abrazará

hasta mañana

o hasta mi muerte.

Amar y ser amado.

Espero que alguna vez

tengas la dicha

de amar y ser amado.

Espero que te agarres fuerte,

que te aferres a sus abrazos,

que saborees todos sus besos,

que te empapes de su tiempo,

que memorices sus lunares,

que guardes sus secretos,

que provoques sus sonrisas,

que consueles sus llantos.

Espero que alguna vez

tengas la dicha

de amar y ser amado

y espero que te agarres fuerte

y no dejes que se te escape

como se me escapó a mí.

Al ras del cielo.

Estuve durmiendo por veinte años,

al ras del suelo,

sueño profundo.

Y ahora que estoy despertando,

al ras del cielo,

veo todo dorado

y no quiero volver a dormir

porque no quiero perder

ni un segundo a tu lado.

Ser feliz a veces da miedo.

Todas las veces que he sido feliz

también he estado llena de miedo,

pero no me castigo,

es la forma en la que crecí.

Justo después de un día soleado

llega una tormenta torrencial

y aunque aprendí a vivir bajo la lluvia,

a veces también extraño el sol

pero sé que siempre,

no importa cuánto diluvie,

siempre,

vuelve a salir el sol.

Sigue volando.

Aunque quisiera no podría explicarlo,

jamás había visto algo similar,

le destrozaron las alas

pero ella seguía volando.

Qué difícil.

Qué difícil es coincidir,

qué difícil es

que dos almas

que bailan al mismo ritmo

se abracen,

en el lugar correcto,

en el momento justo.

Qué dificil es conseguir

una espalda en la que pintar

el resto de los amaneceres.

Qué dificil es encontrar

una calle que vaya en los dos sentidos

pero para el mismo lugar.

Agua entre tus manos.

Me preguntaste cuándo me iba,

te dije que no sabía,

que no hay una fecha estimativa

ni un horario aproximado,

que me voy de repente,

en silencio y sin portazos,

como agua resbalándose

entre tus manos.

Puntual.

Te lo dije muchas veces,

soy muy puntual,

aprendí a serlo,

sé cuándo llegar

pero también cuándo irme.

Mi tango favorito.

Me encanta su nombre

porque me recuerda a él,

porque es precioso

y te deja con ganas de más,

porque la vida,

los años o Dios

se lo llevaron muy pronto.

Porque me abraza,

me consuela y me acompaña.

Me encanta su nombre

porque es suyo

y él es mi tango favorito.

Si pudiera volver a escuchar su voz.

Si pudiera volver a escuchar su voz,

la grabaría y la guardaría,

para poder hacerla sonar

alguna de esas noches

en las que el insomnio

no me permite dormir

por el ruido que hacen

todas esas palabras

que no tuve tiempo de decir.

Algunas personas nunca nos dejan.

Tenías razón,

es verdad eso que me dijiste,

algunas personas

realmente nunca nos dejan,

las llevamos dentro

y reviven con cada pensamiento

que les dedicamos.

Tal vez por eso te escribo tanto

Si pudieras volar ¿A dónde irías?

Un día me preguntaron:

'Si pudieras volar ¿A dónde irías?'

y yo contesté que no sabía.

A donde sea que estés,

ahí es a donde iría.

Para Nefi.

Te siento a mi lado,

como un ángel sentado

en el hombro de un dibujito animado.

Me acariciás el pelo cuando lloro,

me susurrás versos

y festejás mis victorias.

Cómo hago para decirte

que no te recuerdo

pero te extraño.

Cómo hago para decirte

gracias

y te amo

si nada que salga de mi boca

puede expresar esto que siento.

Solo un poema

como éste

que es para vos,

donde sea que estés, Nefi.

Agradecimientos.

A mamá, Nancy. No existen en el mundo palabras suficientes para agradecerte tu incondicionalidad, apoyo, aceptación y amor constantes.

A mis sobrinos, Rodrigo y Benjamín. Por llenarme la vida de luz y amor y por ser mis salvavidas, sin darse cuenta. Ninguno de mis logros tendrían sentido sin ustedes. Son mi mayor orgullo.

A mi hermana, Solange. Por ser el mejor modelo a seguir que alguien pueda pedir.

A mis primas, Magalí y Melina. Por llenar mi vida de alegría siempre.

A mis amigos, Melina Días de León, Augusto Telias, Lara Pereira, Micaela Daus, María Victoria Sosa, Luciana Pinotti, Aixa Paz, Gonzalo Sanchez Castro, Constanza Suarez, Wanda D'Angelo, Victoria Fernández. Por quererme, aceptarme, escucharme y consolarme siempre.

A Victoria Iturburu, Sofía Verdier y Micaela Barrera. Por creer en mí y en mi poesía, hasta cuando ni siquiera yo lo hacía.

A mi psicoanalista, Esperanza O'Reilly. Nuestras sesiones han dado a luz a mis mejores poemas.

A Jennifer Subies, donde sea que estés. De nadie aprendí tanto como de vos.

A Cecilia Jarusz. No me alcanzará la vida para agradecerte. Dejaste una marca hermosa en mi alma para siempre.

A Nefi.